LE CARACTÈRE

DE L'EMPEREUR DES FRANÇAIS.

IMPRIMERIE DE DEZAUCHE,

Faub. Montmartre, n° 11.

LE CARACTÈRE

DE

L'EMPEREUR DES FRANÇAIS ;

PAR ELLERY CHANNING,

CITOYEN DES ÉTATS-UNIS D'AMÉRIQUE.

TRADUIT DE L'ANGLAIS

Par A. B.

* * *

PRIX : 1 FRANC.

Paris.

AU BUREAU DE L'IMPRIMERIE, FAUB. MONTMARTRE, Nº 11.

1833.

AVANT-PROPOS DU TRADUCTEUR.

L'écrit dont nous offrons une traduction est connu avantageusement en Angleterre et en Amérique. L'auteur jouit d'une grande célébrité aux Etats-Unis, sa patrie, et ses ouvrages y sont appréciés comme les épanchemens généreux d'un ami éclairé de la liberté.

Il existe beaucoup d'écrits sur Napoléon; on sera peut-être curieux de voir comment parle de l'Empereur un citoyen du Nouveau-Monde; comment la vieille Europe est jugée dans ces contrées, où fleurissent aujourd'hui de jeunes et puissantes républiques.

Il faudra pardonner à l'auteur américain une certaine âpreté de langage et l'allure énergique de sa plume libre et hardie. Pour lui les charmes de la gloire sont à peu près des chimères, et les entreprises qui n'ont pas pour but le bien de l'humanité, sont presque des crimes.

Venu dans une ère de civilisation et de lumières, Napoléon ne voulut gouverner qu'au rebours des progrès. A ses yeux, la puissance politique et militaire était tout, le bonheur et l'indépendance des hommes n'étaient rien; et l'on vit le peuple qui se disait le plus éclairé de l'univers, se courber docilement sous la servitude impériale, ébloui qu'il était par le prestige de la gloire des armes, et par les lâches sophismes des apostats de la liberté.

L'ambition politique, bien qu'elle donne à l'esprit une impulsion active et sagace, éteint souvent dans l'homme l'amour du vrai; elle détruit sa confiance dans la vertu, source de tout sentiment généreux, et elle aboutit à un stérile et révoltant égoïsme. Quant à la gloire militaire, malgré l'admiration qu'on lui porte, elle ne peut plus être la première pour une nation de citoyens éclairés; car, indépendamment des considérations morales qui flétrissent la propagande des armes, l'art de la guerre devenant de plus en plus, comme tout porte à le prévoir, un art presque mécanique, la vertu du soldat perdra peut-être un jour de son importance.

L'opinion commune qui attache un si grand prix au pouvoir politique, a donné à l'ambition de dominer cette violence et cette ardeur qui en font une passion désastreuse pour l'humanité. Ce préjugé porte les hommes à n'avoir pour but de leurs vœux et de leurs efforts, qu'une existence publique, comme la seule honorable, comme le suprême bien, et il les livre, en les démoralisant, à tous les tourmens de l'agitation et de l'intrigue. Il serait facile de démontrer cependant que l'art de gouverner n'est pas dans une sphère d'action aussi élevée qu'on le croit communément, et que ceux qui exercent le pouvoir usurpent souvent dans l'histoire et dans l'opinion une place bien supérieure à leur mérite. Il s'opère déjà un heureux changement dans les esprits à cet égard; et une preuve du progrès intellectuel de la société, c'est que l'importance de l'homme public diminue, et que celle de l'homme privé augmente. Par les bienfaits de l'éducation, par l'extension de la presse, un homme obscur peut aujourd'hui se faire entendre de multitudes infiniment plus nombreuses que celles qu'ait jamais émues l'éloquence antique ou moderne. C'est ainsi que, sans le secours de l'autorité, et par sa force seule, la vérité se fera jour parmi les nations, et que ses défenseurs puissans, bien qu'isolés, deviendront de plus en plus les législateurs du monde. L'importance exagérée donnée à l'art de gouverner conduit les peuples à espérer, de ceux qui les régissent, les biens qu'ils ne doivent attendre que de leurs propres efforts, et à les accuser cependant des malheurs qui ne sont très-souvent que les conséquences de leurs propres fautes. Mais les institutions politiques, la civilisation même renferment des maux inévitables que la force gouvernementale seule ne peut surmonter, et qui ne sauraient être atténués ou détruits que par le concours de toutes les lumières et de toutes les vertus. Aussi, le difficile et dangereux problème que la société de nos jours entreprend de résoudre, celui de régir les peuples avec le moins possible de pouvoir, et de circonscrire l'action du gouvernement dans ses plus étroites limites, tout en donnant aux libertés publiques une extension presque indéfinie, ne sera-t-il résolu avec succès que par le perfectionnement du caractère individuel. Or, c'est dans ce perfectionnement seul que repose l'espoir de la société nouvelle.

Mais de quelle institution, de quelle puissance ce perfectionnement tant désiré, cette heureuse régénération sociale peuvent-ils surgir? Du principe Chrétien et du développement de son véritable esprit. On affecte de mépriser la force de ce principe, et contre lui se sont ligués les préjugés, la haine et le faux savoir. Mais une vérité devant laquelle toute autre s'efface, c'est le rapport de l'homme avec Dieu. Bien qu'obscurcie par nos erreurs, cette vérité a été la source unique et pure de tout perfectionnement social. Il faut que l'homme se reconnaisse avoir avec Dieu une connexion filiale qu'il ne peut rompre sans dénaturer son intelligence; sa perfectibilité ne peut consister que dans un rapprochement continuel et progressif avec la perfection divine. C'est là le vrai développement des lumières.

« Un peuple qui ne cherche pas dans les « choses divines, » a dit un grand écrivain, « des garanties à son indépendance, finit tou-« jours par la perdre, quelles que soient les « révolutions dans lesquelles il se plonge « pour la conserver. »

DE L'EMPEREUR DES FRANÇAIS.

CARRIÈRE POLITIQUE ET MILITAIRE.

Une juste appréciation du caractère de l'empereur Napoléon nous paraît une étude aussi intéressante que délicate. Cet homme extraordinaire, après avoir agi sur le monde avec une puissance sans égale jusqu'à lui, y exerce encore une vaste influence, et l'espèce d'admiration dont il est l'objet, même dans les pays libres, est d'un fâcheux augure pour la cause de la liberté. Or, la liberté étant le plus précieux intérêt du genre humain, essentiel à son développement intellectuel, moral et religieux, on devrait éprouver pour les hommes qui se sont signalés par leur hostilité contre elle, un sentiment sévère de réprobation et de regret, que ne sauraient désarmer ni les plus magiques succès ni les applaudissemens de la multitude.

Nous parlerons de l'Empereur avec une franchise d'autant plus grande , que nous ne faisons pas la guerre aux morts ; mais dévoué à la cause de la liberté, à cette cause sacrée trahie sans cesse par la servile adulation prodiguée à l'ambition triomphante , nous voudrions détruire les dangereux effets trop souvent produits par l'exemple des hommes fameux qui ne sont plus.

Bonaparte parut dans des temps de troubles ; il grandit sous de funestes auspices , lorsque l'esprit humain était dans un état extraordinaire de travail ; lorsque de vieilles institutions s'écroulaient, que d'antiques opinions étaient ébranlées, et que de vénérables entraves se brisaient de toutes parts ; lorsqu'enfin les passions excitées les unes contre les autres entraînaient tout comme un torrent irrésistible ! Un caractère ardent ne pouvait se former à une plus dangereuse école. L'être tout-puissant, qui connaît le secret des cœurs , peut seul juger du degré d'indulgence que méritent les erreurs commises sous des influences si fatales. Il faut se pénétrer de cette pensée, en étudiant la vie de ceux qui ont vécu dans des temps orageux et qui ont été exposés à des épreuves inconnues à nous-mêmes ; mais elle ne doit pas nous porter jusqu'à méconnaître l'immuable distinction du bien et du mal, ni à réprimer une vertueuse indignation à la vue de ces forfaits qui ont porté au loin l'esclavage et la misère. Il est juste aussi de remarquer qu'il a toujours existé, et qu'il existe encore une déplorable insensibilité morale pour les grands attentats politiques. Les actions coupables des hommes publics, commises sur une grande échelle, ne leur ont jamais attiré la réprobation qu'inspirent les crimes du vulgaire. Les peuples semblent courir au devant de l'oppression et de la servitude par leur folle et stupide admiration pour les ambitieux prospères, et les actes dont l'espèce humaine a le plus souffert sont encore à flétrir. La religion, il est vrai, frappe de ses censures les perturbateurs du monde; mais ces censures n'ont été jusqu'à ce jour que des mots sonores, de pompeuses déclamations. Un caractère tel que celui de Napoléon a donc pu se former sans pressentir lui-même sa pernicieuse destinée; et la société, qui contribua à le faire éclore, est responsable de l'avoir développé : elle a mérité en partie les maux dont il l'accabla.

Bonaparte fut élevé dans une école militaire, institution peu propre à lui donner une éducation libérale et généreuse, car le jeune soldat y apprend que son premier devoir est d'obéir à un chef sans consulter sa conscience, et de devenir un instrument passif dans les mains de ceux qui, d'après le témoignage de l'histoire, se sont constamment fait un jeu de la vie et du bonheur des hommes. Sa première association politique fut avec les *jacobins*, la plus sanguinaire de toutes les factions qui désolaient alors la France, et dont le règne est si énergiquement appelé *le règne de la terreur*. Jeune encore, il obtint le commandement en chef d'une armée pour avoir tourné son artillerie contre le peuple qui, souvent coupable, mais toujours à craindre lorsqu'il se met en mouvement, avait, dans cette circonstance unique, compris ses devoirs, et s'était soulevé contre une violation patente et manifeste de ses droits.

Bonaparte fit son début de général en Italie. Nous nous rappelons encore avec quel vif enthousiasme nous suivions ses premiers pas. Nous avions la simplicité de le croire le protecteur élu de la liberté, et ses rapides victoires portaient l'imagination à le revêtir de la puissance mystérieuse d'un héros fabuleux. Aujourd'hui même, nous ne pouvons sans émotion lire les détails de cette première campagne d'Italie. L'énergie de volonté qui ne permettait pas une pensée entre le projet et l'exécution, la présence d'esprit qui, au milieu de revers inattendus, lui suggérait soudainement des moyens de salut et de succès; ces dons naturels et merveilleux, joints à une bravoure qui ne se démentit jamais, sont dignes de toute notre admiration.

Nous n'avons pas cru devoir réprimer l'impression que font éprouver les hauts faits d'un grand capitaine. Des talens éminens, même lorsque l'usage en est perverti, attestent toujours une nature supérieure. La guerre fait développer une vigueur d'intelligence qui ne peut que donner une haute idée du génie de l'homme. Dans quelle circonstance, en effet, voit-on se manifester sa force avec autant d'éclat, sa prudence avec plus de bonheur, que sur un champ de bataille? Toutefois la splendeur du guerrier disparaît devant l'héroïsme de la vertu; elle s'éclipse devant la grandeur morale. Le martyr de la liberté, qui, seul, sans l'appui d'une multitude pour animer son ardeur, et loin d'obstacles propres à exciter son énergie, affronte une mort ignominieuse, est aussi supérieur au conquérant que l'est à ce globe l'imposante et tranquille immensité des cieux. Nous sommes donc très-éloigné de considérer les talens militaires comme devant tenir la première place parmi les facultés intellectuelles. On ne peut disconvenir, toutefois, que l'esprit qui comprend, comme par instinct, toutes les positions propres à livrer bataille, ne soit fort et vigoureux; que le chef dont la sagacité pénètre les plans de l'ennemi, qui, par son activité, supplée au nombre, et donne de l'ensemble à une multitude de combinaisons au milieu d'accidens imprévus, ne démontre une grande puissance de talens: mais, après tout, le capitaine le plus habile n'agit que sur la matière. Il passe des rivières, il escalade des montagnes, il détruit des remparts, et, pour accomplir tout cela, il ne faut pas une intelligence d'un ordre supérieur. En effet, il n'est pas rare de trouver des hommes très-remarquables sur le champ de bataille, tout-à-fait dépourvus des plus nobles attributs de la pensée, étrangers également aux sciences morales, aux vues larges et libérales sur la nature humaine, et aux grandes conceptions qui ont occupé les plus profonds espris. Les talens d'un grand homme de guerre ne diffèrent pas beaucoup de ceux d'un habile mécanicien, qui consistent à varier les combinaisons de la force physique pour les adapter à de nouvelles exigences.

Les rapides et brillans succès de Bonaparte en Italie, répandirent son nom comme un éclair dans tout le monde civilisé. Ils l'encouragèrent en même temps à commettre des actes injustes et oppressifs, et à montrer cet esprit violent et impérieux qui signala plus tard sa carrière et redoubla avec sa fortune. Dans le cours de ses victoires, il fut en contact avec des états, comme la Toscane et Venise, qui avaient reconnu la république française, et avec d'autres, comme Parme et Modène, qui étaient restés dans une stricte neutralité. Le droit des gens, qui plaçait ces états à l'abri de toute insulte, ne lui vint pas seulement à la pensée. Non content de violer la neutralité de tous, il s'empara de Livourne, ruina le commerce de la florissante Toscane, et ayant mis

Parme et Modène à contribution, il força ces deux états à lui céder ce que, jusqu'à ce jour, la guerre avait toujours respecté, les objets d'art les plus rares et les plus curieux. On nous parle souvent du bien que fit Bonaparte à l'Italie; cependant son nom y est parfois prononcé avec autant de ressentiment qu'ailleurs. Quel Italien pourrait lui pardonner d'avoir enlevé à son pays ses plus beaux titres de gloire, les chefs-d'œuvre de ses grands artistes, qui font de l'Italie une terre de pèlerinage pour les hommes éclairés de toutes les parties du monde, et qui la consolent sous l'oppression et la conquête? Par ces excès à son début, il était facile de prévoir ce que ferait Bonaparte dans l'avenir qui se préparait, lorsque le sceptre du vaste empire de France viendrait se présenter à la main audacieuse qui oserait s'en emparer.

L'Égypte devint, après l'Italie, le champ de ses exploits. Ce pays appartenait au grand-seigneur, avec lequel la France était en paix, et qui, d'ailleurs, d'après des relations existantes depuis des siècles, passait pour être son allié naturel. Il est probable que cette expédition dut son origine à Bonaparte lui-même. Son but était d'éblouir, et il choisit à dessein le théâtre qui devait attirer davantage sur lui les yeux du monde. Il voyait que le moment pour usurper l'autorité suprême en France n'était pas encore venu, comme il le dit lui-même : « La poire n'était pas mûre. » Il est permis de présumer aussi qu'enivré déjà par d'éclatantes victoires, son esprit accueillait, mais d'une manière vague, la pensée de produire sur les peuples de l'Orient une impression nouvelle et profonde qui les amènerait peut-être à se ranger sous sa domination, et à lui élever un trône plus désirable qu'une dictature en Europe. Sa carrière en Égypte fut marquée par les mêmes violences, la même arrogance, le même mépris de tout obstacle à sa volonté, qui l'avaient déjà signalé en Italie. Tout moyen de succès lui parut bon. Il ne lui suffit pas de se vanter d'avoir humilié le chef de la chrétienté, et de faire publiquement profession d'islamisme, il se dit inspiré et envoyé de Dieu même, et prétendit joindre le caractère de prophète à celui de conquérant. Ce fut là le commencement de ces graves erreurs, de ces déplorables faiblesses dans lesquelles il fut entraîné par cet esprit d'exagération et d'orgueil que vinrent accroître progressivement des succès inouis et une adulation sans bornes, et qui finit par devenir une espèce de vertige et de folie. L'opinion outrée qu'il avait de lui-même l'aveugla sur le ridicule de se présenter avec les prétentions d'une mission divine à des Turcs qui ont encore plus de mépris que de haine pour les Francs, et qui consentiraient à devenir plutôt esclaves d'un chrétien, que d'associer un chrétien renégat à la gloire de leur prophète. Dans cette expédition, il ne se contenta pas de faire preuve d'une impiété aussi absurde qu'audacieuse, il foula aux pieds, avec un mépris égal, les sentimens de l'humanité. Le massacre de Jaffa est connu : douze cents prisonniers qui s'étaient rendus, furent, d'après ses ordres, deux jours après, froidement fusillés. Cette action n'est point excusable par les droits de la guerre, quelque sanguinaires qu'on les suppose; elle est d'un barbare, et doit exciter l'exécration de tous les hommes jaloux de conserver dans la conduite de la guerre, pour en tempérer les inévitables rigueurs, la modération introduite et pratiquée par les nations chrétiennes.

Nous arrivons maintenant à l'usurpation du pouvoir suprême en France, et à l'établissement d'un gouvernement militaire. Nous ne nous arrêterons pas à examiner si, dans cette circonstance, notre héros ne perdit pas un peu de sa fermeté et de son sang-froid, tant nous sommes pressé d'exprimer notre profonde indignation pour ce grand attentat contre les libertés publiques. Les sentimens qu'il nous inspire ne trouveront peut-être que peu de sympathie. Aux yeux de la foule, le pouvoir est un appât auquel nulle vertu ne doit résister; mais la vérité morale demeure immuable, en dépit des préjugés de l'ignorance et des sophismes de la bassesse. Il viendra un temps où elle trouvera une voix plus digne d'elle, et qui sera, nous l'espérons, mieux comprise. L'homme qui lève une main parricide contre les droits et la liberté de son pays, qui foule aux pieds trente millions de ses semblables, qui prodigue les trésors et le sang d'un peuple généreux, pour le mettre sous le joug et le lancer ensuite contre les autres nations; un tel homme, réunissant en lui seul tous les genres de crimes, devrait être mis à part comme un objet spécial d'exécration; il devrait être flétri au front de ce stigmate de l'opprobre dont fut marqué le premier homicide.

On nous dira, peut-être, que notre haine de la tyrannie de Bonaparte provient de ce qu'il était usurpateur, et que nous ne détestons pas tant la tyrannie pour elle-même que pour la manière dont elle est acquise. Nous considérons l'usurpation, surtout lorsqu'on la couvre, ainsi que le fit Napoléon, du nom sacré de la liberté, comme la plus sanglante insulte qu'on puisse faire aux hommes. Quant au despote héréditaire, il nous inspire plus de mépris que de haine. Nourri et élevé dans l'erreur, flatté et servi en maître dès le berceau, instruit à regarder ses semblables comme d'une espèce inférieure, à concevoir le despotisme comme une loi de nature, comme un élément nécessaire de l'ordre social, un tel prince, hors d'état par son éducation même d'acquérir un sens moral, droit et vigoureux, ou d'exercer de mâles vertus, ne doit pas être jugé avec trop de sévérité. Au reste, la chute irrévocable du despotisme approche : assez long-temps il a prodigué les trésors des peuples à de vils flatteurs, à d'ignobles favoris; assez long-temps il a fait la guerre à l'intelligence et mis obstacle aux progrès de la liberté; assez et trop long-temps, hélas ! il a rempli les cachots de braves et généreux citoyens, et versé impunément le sang des patriotes. Que sa ruine éclate donc ! elle ne le peut trop tôt pour le bonheur du genre humain.

Ceux qui avaient aidé le général Bonaparte à renverser le directoire, voulurent soumettre à des entraves le premier consul, mais il sut les contenir. Saisissant le pouvoir d'une main ferme, il intimida les faibles, et imposa aux démagogues, qui virent dès lors qu'on ne pourrait le lui arracher sans s'exposer aux chances d'une guerre civile.

Une des premières mesures prises par Bonaparte pour donner de la stabilité à sa puissance, fut très-sage; elle lui était suggérée par son caractère et par sa position. S'étant emparé du gouvernement par la force des baïonnettes, et se sentant soutenu, comme il l'était en effet, par le dévoûment de l'armée, ce ne fut pas pour lui une nécessité de se rattacher à aucun des partis qui avaient déchiré le pays, espèce de subordination d'ailleurs à laquelle son esprit altier se serait difficilement plié. Sa politique lui prescrivait donc de se servir indistinctement de tous les partis; et un bon nombre de ces hommes nouveaux, dont la pureté civique n'avait pu résister à l'influence corruptrice d'une révolution sans frein, se montrèrent tout prêts à abjurer leurs premiers principes et à recevoir, de la main d'un maître, leur part des dépouilles de la république. En conséquence, un système de modération, dont les émigrés eux-mêmes n'étaient point exclus, fut adopté, et Bonaparte eut l'habileté de réunir autour de lui, pour le seconder, cette multitude de talens que les événemens avaient fait éclore. Il porta l'ordre dans les départemens des finances et de la guerre, et trouva bientôt des ressources pour réparer les désastres récens de la France. Il préludait ainsi à un succès qui contribua, d'une manière éclatante, à consolider son gouvernement. La brillante campagne qui suivit de près son élévation au consulat, rendit à la France la supériorité qu'elle avait perdue pendant son absence. Il se montra, dans cette occasion, le digne émule d'Annibal. L'énergie qui fit traverser les Alpes par une armée tout entière, dans des sentiers jusqu'alors inconnus, répandit partout cette impression de sa vaste supériorité qu'il aimait tant à produire. Cette entreprise fut d'un sinistre présage pour les libertés de l'Europe.

Elle annonçait une influence sur l'esprit des soldats dont les effets seraient incalculables. Le passage du Saint-Bernard est digne d'admiration, sans doute; mais une chose plus étonnante, c'est l'ascendant du chef qui sut inspirer à ses troupes l'élan, la confiance et la patience nécessaires pour l'accomplir. La bataille de Marengo, gagnée par un de ces hasards si fréquens à la guerre, au moment même d'une défaite, assura à Bonaparte la couronne qu'il ambitionnait, car la France, dont le fol orgueil ne voyait son bonheur que dans les conquêtes, s'imagina que sa gloire n'avait d'existence que par lui, et l'armée, qui pressentait déjà qu'elle aurait un sceptre à donner, eut la conviction que la victoire lui serait toujours fidèle.

Un autre moyen dont Bonaparte se servit pour affermir son pouvoir, fut un vaste système d'espionnage et de police. Sous le directoire, la police avait reçu des développemens dignes de ces singuliers amis de la liberté, mais elle eut une extension bien autrement formidable sous la sagacité perçante de Napoléon. On aurait dit que le despotisme, profitant de l'expérience des âges, s'était complu à former la police française, à forger cette arme, qui n'a pas eu d'égale, pour comprimer le plus léger souffle d'opposition, pour enchaîner toute pensée généreuse et libre. Il fallait la subtile méchanceté d'un Fouché, et l'énergie d'un Bonaparte, pour en développer les immenses ressources. L'espionnage pénétra jusqu'aux plus petites ramifications de la société. Tout homme hors de la foule eut l'œil d'un espion fixé sur lui. On le suivait partout : chez ses amis, dans son intérieur, au théâtre, au boudoir, dans les réunions privées, dans les salons de jeu. Ces derniers repaires mêmes fournissaient un bon nombre des familiers de ce pouvoir occulte et méprisable. De tous les instrumens du despotisme, l'espionnage est le plus dégradant. Il refroidit les doux épanchemens de la société, resserre et ferme le cœur, obscurcit l'entendement par le trouble de la peur, réduit l'hypocrisie en système, et arrête dans l'homme tout élan de loyauté et de franchise. Il y a une certaine consolation à penser que les tyrans eux-mêmes sont la proie de la méfiance, aussi bien que les peuples sur lesquels ils exercent leur vigilance cruelle. Bonaparte, à la tête de son armée, nous présente une admirable et grande figure ; mais dirigeant une escouade d'espions suspects à lui-même, recevant de chacun d'eux des rapports journaliers afin d'en tirer, en les comparant, quelques lueurs de vérité, Bonaparte, absorbé par ces misérables pensées, n'est rien moins qu'imposant, et, dans cette basse anxiété, nous voyons déjà commencer la juste punition à laquelle, tôt ou tard, aucun tyran ne peut échapper.

On ne doit pas s'étonner d'une autre mesure prise par Napoléon. Il était naturel qu'il enchaînât la presse, et qu'il l'assujettît à une censure jalouse. Une presse libre et la tyrannie sont de si implacables ennemis que nous pouvons à peine blâmer le despote qui la brise. S'il voulait agir autrement, il ferait tout aussi bien d'asseoir son trône sur un volcan. Force lui est de réprimer la libre et franche expression de la pensée; mais cette nécessité est de son choix. Honte et infamie donc au souverain qui s'arroge un pouvoir qu'il ne peut conserver qu'en condamnant l'esprit à l'esclavage, et en transformant la presse, cet admirable organe de vérité, en un instrument de corruption et d'erreur!

Une mesure plus affreuse fut la terreur. Le meurtre du duc d'Enghien était justifié, aux yeux de Bonaparte, par la nécessité d'épouvanter la maison de Bourbon, qui, disait-il, en voulait alors à sa vie. Il est permis de croire qu'il cherchait à imprimer un salutaire effroi à ceux qui pourraient avoir la pensée de combattre ses projets déjà connus de ceindre la couronne. Peut-être encore voulait-il intimider l'Europe, et montrer qu'il était prêt à verser n'importe quel sang, à détruire n'importe quel obstacle, sur son passage au pouvoir impérial. Il a nié quelquefois qu'il fût l'auteur de cette mort; mais elle ne peut en avoir eu d'autre que lui. La hardiesse et l'effrayante célérité du crime décèlent, à ne pas s'y tromper, l'âme qui dut l'enfanter. Quoi qu'il en soit, il est constant que le meurtre du duc d'Enghien et la mort mystérieuse de Pichegru causèrent un effroi universel ; et, si dans quelques rares occasions, la liberté fit encore entendre de faibles accens au sein des chambres législatives, la voix de Carnot s'éleva seule contre la création de l'empire et l'asservissement de la France.

Un concordat avec le pape entra aussi dans les vues du premier consul. Nous ne blâmons pas cet acte comme ayant relevé le culte aboli ; nous ne l'envisageons que sous le rapport politique ; et, encore, ne prouve-t-il pas en faveur de la sagacité de Bonaparte. Il nous confirme au contraire dans l'opinion, que d'autres actes de sa vie ont fait naître, qu'il n'avait pas bien compris l'esprit de son siècle, ni la politique spéciale et nouvelle qu'il exigeait. Parce que d'anciens gouvernemens avaient trouvé dans la religion une espèce de soutien, Napoléon s'imagina qu'elle était l'indispensable accompagnement de la puissance, et il entreprit de la restaurer. Mais il n'y avait en France aucun fondement pour ériger une église capable de donner au pouvoir l'appui de son influence spirituelle. Comparativement à d'autres époques, la foi n'existait plus. Le moment de la réaction de l'esprit religieux en France n'était pas encore venu, et l'on ne pouvait trouver

un meilleur expédient pour le retarder, que ces
soins hypocrites donnés à l'église par Bonaparte,
musulman tout récent, lui qui s'était vanté de
mépriser le christianisme, et qui ne professait
sincèrement que le culte de lui-même. Au lieu
donc de rendre la religion utile à l'état, un pareil
homme ne pouvait y toucher sans affaiblir davantage le léger empire qu'elle exerçait encore
sur les âmes : personne ne fut sa dupe à cet égard ;
chacun vit bien le rôle qu'il jouait. Une preuve
frappante de l'idée exagérée que Napoléon se faisait de lui-même, et une marque certaine de son
ignorance des grands principes de la nature humaine, c'est qu'il ait cru pouvoir, non-seulement
tourner à son avantage l'antique religion, mais
même, au besoin, en créer une nouvelle. « Si
« le pape, disait-il, n'avait pas existé, il aurait
« fallu l'*inventer* pour cette circonstance. » Comme
si un décret consulaire suffisait pour créer des
opinions et des sentimens religieux ! Les anciens
législateurs, en adoptant les croyances populaires
qu'ils trouvèrent fortement enracinées, purent
les rendre utiles aux institutions qu'ils donnaient
à leurs peuples. Ils étaient assez sages pour élever leur édifice sur une foi préexistante, et ils
s'étudièrent à s'y conformer. Bonaparte, dans un
pays et à une époque où régnaient l'incrédulité
et l'athéisme, ne s'abstenant pas lui-même des
sarcasmes dont la religion qu'il voulait établir

était sans cesse l'objet, eut la faiblesse de croire qu'il pouvait en faire un des plus fermes appuis du gouvernement. Il s'énorgueillit beaucoup des concessions que lui fit le pape, et que n'avaient pu obtenir les plus puissans monarques, il oublia que ce succès apparent renversait tous ses desseins; car du moment qu'il affranchissait son église de l'autorité du pontife romain et qu'il s'en faisait lui-même le chef, devait se briser le lien dont elle tirait sa force, et c'est dès lors en effet que s'arrêta son influence. Elle ne fut plus considérée que comme un instrument de politique, méprisé du peuple et ne servant qu'à montrer les vues ambitieuses du maître. Un grand nombre d'évêques, refusant de tenir leur dignité de ce nouveau chef, préférèrent l'exil au sacrifice des droits de l'église, et léguèrent à leur diocèse une sainte horreur du concordat. Napoléon eût mieux fait de ne pas toucher aux affaires de religion. Tantôt se servant du souverain pontife, tantôt ne le reconnaissant plus, et même, après l'avoir détrôné, le dégradant par des outrages, il exaspéra une grande portion de la chrétienté, et il éveilla une haine religieuse qui fut, plus tard, pour beaucoup dans sa chute.

Bonaparte voulut ensuite embellir la capitale. C'est l'usage des despotes d'être prodigues dans les lieux de leur résidence. Plus que tous, il avait un motif d'en agir ainsi. « Paris, c'est la France, » comme on l'a dit. Paris devint donc l'objet particulier de ses magnifiques travaux, et en flattant l'orgueil de la «grande cité,» il s'assurait le reste du pays. Les autres améliorations trop vantées qu'il introduisit dans son administration intérieure, ne méritent guère notre attention si on les compare aux funestes effets de ses diverses mesures politiques. Les conscriptions continuelles, qui enlevaient tant de bras à l'agriculture et à l'industrie, le système continental, qui ferma les ports et anéantit le commerce de l'empire, épuisèrent la France à un degré tel que tous les brillans et spécieux remèdes auxquels on eut recours, ne purent la relever. Le plus gigantesque de ses travaux est sans contredit la route du Simplon, que l'on s'accorde à admirer comme une des merveilles du monde. Mais il n'est pas surprenant que l'homme qui aspirait à l'empire universel, voulût établir des communications faciles entre tous les peuples, ni que le souverain qui disposait des ressources de l'Europe, et qui vivait dans un siècle où la science de l'ingénieur était portée à un degré inconnu jusqu'alors, pût accomplir un ouvrage plus audacieux qu'aucun de ceux qu'avaient faits ses prédécesseurs. Il faut dire aussi que Fabroni doit partager avec Napoléon la gloire de la route du Simplon, car le génie qui conçoit et qui exécute n'est pas moins auteur que la volonté qui commande.

Il existe toutefois une belle et vaste entreprise

qui donne à Bonaparte des droits incontestables
à la reconnaissance de la postérité, et des titres
à une gloire solide : le Code civil. On a, il est vrai,
exagéré la part qu'il eut à ce grand travail. Parce
qu'il assistait aux séances des commissaires char-
gés de le rédiger, et qu'il leur fit souvent des ob-
servations justes, on l'a prôné comme s'il eût en-
fanté d'un seul trait, par la force prodigieuse de
son génie, un code entier de lois. La vérité est
qu'il sut le confier aux jurisconsultes les plus éminens de la France, et que ces savans légistes eux-
mêmes n'ont point de prétentions à l'originalité,
car ce code présente peu de dispositions qui, pour
les principes, le distinguent du droit romain. Ils
préférèrent l'expérience à la nouveauté, et firent
bien. L'Empereur, néanmoins, mérite des éloges
pour l'intérêt qu'il prit et l'impulsion qu'il donna
à cette importante entreprise, au milieu des
soucis de l'empire. L'ambition, sans doute, l'en-
gageait à en agir ainsi ; mais nous ne la blâmerons
pas lorsqu'elle sait se consacrer au bonheur du
genre humain. Dans cette circonstance, Bonaparte montra qu'il savait apprécier la véritable
gloire, et nous en recueillons la preuve avec d'autant plus d'empressement, qu'elle est presque la
seule dans sa vie. Le conquérant insatiable ne
nous inspire ni admiration, ni intérêt. Dans sa
passion dévastatrice, nous ne voyons rien de grand,
rien d'utile pour l'humanité ; mais s'il apparaît

comme une source de justice pour un grand empire, il imite la bienfaisance de la divinité en léguant à son peuple des moyens assurés de civilisation et de bien-être. Cependant il était dans la fatale destinée de Napoléon de ne pouvoir toucher à rien sans y laisser l'empreinte flétrissante du despotisme. Son usurpation lui enlevait la possibilité d'être un législateur juste et généreux lorsqu'il s'agirait de lui-même. Il réussit à établir une équité sévère d'homme à homme, mais non du souverain au sujet. Les délits politiques qui, plus que tous les autres, demandent l'intervention du jury, furent exclus de ce mode de procédure. Il n'était pas permis à un jury de s'interposer entre le maître et ceux qui devenaient l'objet de son courroux. On les traînait devant des « tribunaux spéciaux extraordinaires, » espèce de cours prevôtales, ne servant qu'à donner des formes légales aux sinistres décisions d'un despote ombrageux.

Le voilà parvenu enfin au pouvoir suprême, à ce trône sur lequel il fixait depuis long-temps un œil ardent de convoitise. Tantôt épouvantée, tantôt éblouie, la nation française, par des actes publiquement délibérés, sans opposition, sans presque un regret, fit abandon de sa liberté, de ses intérêts et de sa puissance, à un maître absolu et à sa postérité pour toujours. Ainsi tomba la république, ainsi périrent les espérances des patriotes.

Les mêmes lieux qui avaient retenti, il y avait peu d'années, des chants victorieux de tout un peuple recouvrant ses droits, répétaient alors les cris serviles de prospérité et de conservation pour un usurpateur. Quelques esprits généreux, il est vrai, quelques véritables amis de la patrie, tels que *notre* Lafayette, restaient encore à la France ; mais peu nombreux et dispersés, ils ne purent que gémir en secret et verser inutilement des larmes d'indignation et de désespoir. Par ce honteux et déplorable résultat de sa révolution, le peuple français flétrit la cause de la liberté d'un opprobre qui ne sera de long-temps effacé. Cette réflexion est plus pénible que tous les malheurs dont la France accabla l'Europe, et que tous les maux qu'elle souffrit elle-même lorsque l'heure de la réparation fut venue. Les champs qu'elle dévasta ont repris leur verdure, et les générations qui périrent sont remplacées par de nouvelles populations fortes et actives ; mais les blessures qu'elle a faites à la liberté saignent encore. Non-seulement la France se soumit elle-même au despotisme, mais ce qui est pire, elle a donné aux rois des argumens et des motifs spécieux pour soutenir partout le pouvoir absolu et pour propager la doctrine de l'obéissance passive.

On dut croire qu'un empire qui s'étendait du Rhin à l'Océan, et des Pyrénées à l'Escaut, pouvait satisfaire la plus vaste ambition. Mais Napoléon obéissait à cette loi de progression à laquelle les esprits supérieurs sont plus spécialement soumis; et ce qu'il avait acquis, au lieu de le contenter, ne fit que redoubler l'ardeur d'envahissement qui le dévorait. Il s'était, depuis long-temps, bercé de l'idée de dominer l'Europe, et le titre d'empereur enflammait ce désir. Si nous ne craignions de nous répéter, nous nous étendrions davantage sur la criminalité de ses prétentions à l'empire universel. Il n'ignorait pas ce qu'il en coûterait pour atteindre à ce but. Il savait qu'il aurait à se frayer un chemin sur des milliers de cadavres, au travers des champs dévastés, des villes saccagées, des ruines fumantes; que sa route serait inondée par des torrens de larmes, et que ces premiers maux entraîneraient après eux un déluge de misères. Il savait tout cela, et cependant il se résolut à poursuivre sa funeste carrière.

Mais, détournant nos regards du point de vue moral, nous allons considérer les entreprises de Napoléon sous un autre aspect propre à faire apprécier ses titres à l'admiration des hommes, et nous examinerons la nature et l'opportunité de ses plans politiques, dont l'objet était l'asservissement de l'Europe.

On nous taxera peut-être de présomption. On dira que ceux qui ne sont pas initiés aux secrets des cabinets, qui ne participent point aux affaires publiques, ne doivent pas se permettre de juger un homme tel que Napoléon. Nous n'argumenterons pas là-dessus, et nous ne trouverons pas mauvais que l'on conteste des opinions qui nous paraissent solides. Bien qu'éloigné du théâtre des grands événemens de notre époque, nous n'en avons pas été spectateur indifférent ; et, sujet à errer sans doute, nous avons pourtant une certaine confiance dans la justesse de nos opinions. Nous affirmons donc sans réserve que Napoléon ne comprit ni le caractère, ni les besoins de son siècle. Sa politique n'a été qu'une répétition de vieilles maximes, et cela quand le monde était, pour ainsi dire, à neuf. Une police et des soldats qui lui avaient suffi pour soumettre la France, n'étaient pas les uniques moyens à employer pour asservir l'Europe civilisée : il fallait d'autres ressources et d'autres vues. Le génie de les faire naître ne fut pas donné à Bonaparte.

Il était facile aux Romains, lorsqu'ils eurent conquis un pays, de le réduire en provinces et de le gouverner par la force des armes, car il n'existait alors aucun lien réel entre les nations. Les différences d'origine, de religion, de mœurs, différences accrues encore par des guerres continuelles et par l'absence d'une véritable civilisation, mettaient obstacle à une résistance concertée, et empêchaient même toute sympathie d'un peuple pour un autre. Mais l'Europe moderne était un assemblage de nations civilisées, unies entre elles par une Foi commune, par les lettres et les arts, par un échange continuel de pensées et d'améliorations, et par un système politique. Ce système, pendant plusieurs siècles, s'était proposé pour objet l'établissement d'une balance de pouvoirs propre à assurer l'indépendance de chacune de ces nations. Sous d'aussi heureuses influences, l'esprit humain avait fait d'immenses progrès. La révolution française même était le résultat d'un développement extraordinaire des facultés humaines, d'une extension de lumières jusqu'alors inconnue parmi toutes les classes de la société, et elle annonçait la tendance de la civilisation vers un meilleur ordre de choses. Il est dès lors évident que les vieux systèmes de conquêtes, et les maximes des siècles barbares ne convenaient pas à l'état actuel de la société, et l'homme ambitieux de maîtriser les âges à venir devait s'identifier avec le mouvement nouveau imprimé au monde.

Une puissance comme celle de l'Angleterre, qui, par sa suprématie sur les mers et son commerce étendu, touchait aux intérêts de tous les pays, et qui jouissait de l'orgueilleuse prééminence de posséder la constitution la plus libre de l'Europe, commandait, par le seul fait de son existence, de grandes modifications dans la politique qui voulait faire dominer un seul état sur tous les autres. Le caractère particulier et l'influence inévitable de l'Angleterre n'ont jamais été compris par Napoléon, et les mesures violentes par lesquelles il essaya de rompre les anciennes relations de ce pays avec le continent ne firent que les resserrer davantage, en y ajoutant les liens d'une parité de malheurs et de dangers.

La violence et la corruption, voilà quels furent les élémens du gouvernement de Bonaparte; il s'en servit sans scrupule et sans remords, s'embarrassant peu d'armer contre lui la morale publique et les sentimens nationaux de toute l'Europe. Sa grande confiance était dans l'esprit et l'énergies militaires des Français. Faire de cette nation un peuple de soldats, c'était son premier, son principal objet. Pour y réussir complètement, il introduisit un système uniforme d'éducation, dont la tendance spéciale était d'élever toute la jeunesse pour la vie des camps, de familiariser les jeunes esprits, dès l'âge le plus tendre, avec les images de la guerre, et d'attacher l'idée de la gloire uniquement à la carrière des armes. La conscription donna de vastes développemens à ce système; car comme tout jeune Français devait s'attendre à être appelé à son tour sous les drapeaux, la première pensée de l'éducation, même domestique, était de le préparer à cette destinée. Il est vrai que la multiplicité des conscriptions moissonnait les générations, et portait la douleur et les privations dans toutes les familles;

mais Napoléon connaissait bien le peuple auquel il avait affaire. Par l'appât des victoires, par le nom pompeux de « grande nation, » il réussit à le faire souscrire aux sacrifices les plus déchirans, et à une effrayante destruction de la vie humaine. C'est ainsi qu'il s'assura une grande force militaire. Mais, d'un autre côté, les stimulans qu'il était forcé d'administrer sans cesse à la vanité nationale, l'ostentation avec laquelle le peuple français fut proclamé « invincible, » le style impérieux et arrogant qui devint le langage caractéristique de cette nation en délire, irritèrent fortement la fierté et l'esprit national des autres peuples. De là naquit une haine profonde pour ce superbe et naissant empire, et l'on vit germer le dessein de s'acquitter un jour envers lui, et avec usure, d'une dette aussi pesante d'humiliations et d'insultes.

Quelque efficace que soit la puissance du glaive, elle n'est aujourd'hui que secondaire. Tout en se plaçant à la tête d'un ordre politique nouveau, Napoléon aurait dû faire qu'il portât l'empreinte manifeste d'une amélioration dans l'état social. Il pouvait donner l'impulsion à quelque innovation utile, propre à lui mériter l'appui des esprits éclairés et influens chez toutes les nations. Il devait tirer une ligne de démarcation tranchée entre son régime et celui des vieux gouvernemens, pour dépouiller de leur prestige les anciennes dynasties. Dédaignant le faste et l'étiquette des palais, il fallait se distinguer par une simplicité grande et noble, et se faire un mérite d'épargner aux peuples le fardeau d'une cour dépensière et corrompue. Il pouvait faire ressortir les avantages qui résultent pour la France de l'établissement de lois uniformes, d'une égalité parfaite entre toutes les classes, de l'abolition des odieux priviléges de l'aristocratie, et prendre l'engagement de délivrer les autres contrées de l'Europe des inégalités féodales qui les défiguraient encore. En un mot, c'était «la Révolution» qu'il fallait faire marcher devant lui comme le levier le plus formidable et le plus irrésistible.

Mais dans son aveuglement, Bonaparte se croyait capable non-seulement de soumettre toutes les nations par les armes, mais encore de les contenir par l'ascendant de son caractère et la terreur de son nom. Il voulait être le lien unique de son immense empire, et prétendait devenir le centre où viendraient se réunir tous les rayons de la gloire, et d'où partiraient en même temps toutes les impulsions qui y conduisent. Par suite de cet égoïsme effréné, il ne dut jamais songer à s'adapter lui-même à l'état moral de la société ; il voulut régner, non-seulement sans l'appui des intérêts, des sentimens et même des préjugés, mais encore en les bravant tous.

Son insatiable personnalité lui fit multiplier

partout son image et remplir les trônes d'hommes portant son nom. Au lieu de placer à la tête des peuples conquis des princes éclairés, nés dans leur sein, qui, se présentant à leurs concitoyens avec des institutions améliorées, auraient entraîné les masses, et dont l'hostilité naturelle avec les dynasties déchues garantissait la fidélité à sa fortune, il imposait aux nations un Jérôme! un Murat!

Napoléon était si éloigné d'établir un contraste frappant entre lui et les dynasties usées de l'Europe, qu'il eut l'inconcevable faiblesse de faire revivre d'anciennes formes monarchiques, de singer les manières des vieilles cours, et de se confondre dans la foule des rois légitimes. C'était s'abaisser à devenir compétiteur dans une misérable carrière où il devait être éclipsé. Il pouvait bien, à la vérité, mettre sur sa tête la couronne des rois, mais il n'avait pas de procédé pour opérer la transfusion de leur sang dans ses veines, ni pour faire qu'on associât à son nom les idées qui s'attachent à une antique lignée. Il aurait dû rejeter des distinctions dont il ne pouvait être qu'imitateur; et, s'il avait réellement possédé le génie fondateur d'une nouvelle ère, il aurait substitué aux frivoles hochets, symboles d'un pouvoir décrépit, une grandeur simple et austère, plus en harmonie avec un siècle éclairé, plus digne de celui qui aurait aspiré à être autre chose qu'un roi vulgaire. Dans sa manie d'appartenir à la caste des rois, il s'avisa d'exiger scrupuleusement les hommages, et de rétablir l'étiquette avec lesquels on les approche. Il s'allia par des mariages avec les familles souveraines, et enfin se greffa lui-même et sa postérité sur un vieux tronc impérial. C'était le moyen infaillible de ramener l'opinion dans ses anciennes ornières, de reporter l'Europe vers ses antiques préjugés, de faciliter la restauration d'un ordre de choses usé, et d'anéantir l'espérance qu'il était appelé à opérer parmi les nations les changemens salutaires si ardemment désirés.

Nous avons suivi Napoléon jusqu'à l'apogée de sa puissance. Sa chute s'explique facilement : elle eut sa source dans cette idée exagérée de lui-même dont il a donné tant de preuves. Elle commença par l'Espagne. Ce pays était en réalité une de ses provinces; il voulut qu'il le devînt de nom, et résolut d'y placer un Bonaparte pour manifester davantage sa domination. Dans cette vue, il escamota (on peut le dire) la famille régnante ; mais il réveilla l'esprit indomptable d'un peuple fier et généreux, et il perdit l'Espagne sans retour.

Vint ensuite son expédition en Russie : ses plus sages conseillers cherchèrent à l'en dissuader; mais ce fut en vain, car elle réunissait tous les appâts propres à tenter l'homme qui se regardait comme faisant exception à l'espèce humaine, et capable de triompher même des lois de la nature. De toutes les pages de l'histoire, aucune ne retrace de plus grands désastres que la retraite de Moscou. Cette «grande armée,» si belle de valeur et de discipline, périt tout entière. Représentons-nous Napoléon dans cet instant décisif de sa destinée; le cours non interrompu jusqu'alors de ses victoires soudainement arrêté; ses illusions sur son heureuse étoile détruites; sa confiance dans son invincible puissance anéantie. L'impression dut être terrible sur une âme aussi impérieuse et si peu façonnée aux disgrâces. L'angoisse du moment où, pour la première fois, il ordonnait une retraite, son isolement cruel en voyant ses intrépides compagnons périr autour de lui, de tous les genres de misères; l'impatiente aigreur avec laquelle il repoussait l'affreuse vérité de ses pertes, afin de rester encore maître de lui-même; la triste affectation de gaîté et de badinage qu'il fit voir dans un entretien avec l'archevêque de Malines; son ministre à Varsovie; tout démontre une âme cherchant à s'affranchir d'un poids insupportable, soutenant contre elle-même une effroyable lutte, mais nourrissant toujours, malgré le sort, un indomptable et vivace désir de la domination, comme le seul bien de la vie.

Par suite des désastres irréparables de l'expédition de Russie, l'empire du monde échappa aux mains de Napoléon. Le prestige qui avait enchaîné les nations disparut, et un esprit de liberté et de vengeance, semblable au feu d'un volcan, surgit de toutes parts et fut irrésistible. Malgré les sinistres présages qui s'accumulaient autour de lui, son énergique confiance en-lui-même lui faisait encore entrevoir, à travers les étonnantes vicissitudes de sa vie, la possibilité de reconstruire sa puissance. En conséquence, il ne lui vint pas à la pensée de céder la moindre de ses prétentions, et les revers ne furent pour lui qu'un appel à de plus grands efforts. Pour l'homme qui avait mis tout son bonheur à n'avoir point d'égal, l'idée de descendre, même au niveau des rois, était intolérable. Il s'était tellement complu dans ses rêves d'empire universel, que la vaste et belle France était trop petite pour lui. Alors même que son avenir devenait de jour en jour plus sombre, nous ne voyons en lui aucun signe d'amendement. Il ne voulait pas, disait-il, porter «une couronne flétrie,» c'est-à-dire tout aussi brillante que celle d'Autriche ou de Russie. Il continua donc à parler en maître, et ne montra d'autre changement que celui que produit l'opposition chez les hommes altiers et irritables. Il devint morose et chagrin. Il accabla d'injures les Maréchaux et le Corps-Législatif. Il insulta Metternich, l'homme d'état dont, plus que de tout autre, dépendait son sort. Il offensa Murat par des sarcasmes qui, probablement, déterminèrent sa défection. Exemple mémorable d'une juste réparation! Ce même caractère inflexible qui seconda si puissamment sa marche ambitieuse, lui fit plus tard rejeter des propositions dont l'accueil lui aurait laissé un sort assez beau, et il acheva sa ruine. Se refusant donc à prendre conseil des événemens, Bonaparte continua la guerre avec l'obstination d'un enfant gâté de la fortune, et il succomba.

Son exil à l'île d'Elbe, son irruption en France, son éclatante destruction à Waterloo, sa détention à Sainte-Hélène, ajoutent au roman de sa vie, mais ne jettent aucun nouveau jour sur son caractère. Quelques incidens de cette dernière partie de son histoire ne sont pas même en harmonie avec la supériorité qui l'avait jusqu'alors si éminemment distingué; mais on ne doit pas s'attendre à ce que l'homme dans le caractère duquel il entre plus de passions que de principes, puisse conserver intacts, dans de si grands revers, cette dignité, ce respect de lui-même qu'inspire seulement l'héroïsme de la vertu.

CARACTÈRE INTELLECTUEL ET MORAL.

Nous avons exprimé franchement notre opinion sur le Général, le Consul et l'Empereur; mais, au hasard de nous répéter, nous croyons devoir resserrer dans un court espace les traits les plus saillans du caractère moral et intellectuel de Napoléon.

Son intelligence se distinguait par la rapidité. Il saisissait à la première vue ce que des esprits d'un ordre supérieur n'apprennent que par l'étude. Il se précipitait vers une conclusion par instinct plutôt que par raisonnement. Dans la guerre, seule science dont il fût maître, il comprenait d'un coup d'œil sa propre position et celle de son adversaire; il combinait à l'instant les mouvemens qui feraient tomber une force irrésistible sur une partie vulnérable de la ligne ennemie; et, en un jour, il décidait du sort d'un empire. Il entendait parfaitement l'art de la guerre; mais il était trop ardent, trop indépendant, pour demeurer esclave de la partie technique de sa profession. Il trouva l'armée dirigée d'après les vieux principes, et il montra le vrai caractère du génie qui, sans mépriser la règle, sait quand et comment on s'en affranchit. En donnant à ses soldats les avantages de la discipline moderne, il leur inspirait, par ses manœuvres promptes et hadies, l'enthousiasme des siècles barbares. La faculté de décourager l'ennemi, et de remplir ses propres troupes d'une confiance qui leur faisait regarder la guerre comme un passe-temps et rendait la victoire presque certaine, distingua Napoléon, à une époque où brillaient de grands talens militaires, et ce fut une des principales causes de sa fortune.

La force de pensée qui lui était propre, ses succès merveilleux, et l'incroyable rapidité avec laquelle sa renommée fut répandue parmi les nations, lui inspirèrent une opinion démesurée de lui-même, donnèrent de l'audace à ses projets, et un corps, pour ainsi dire, à ses visions indéfinies de gloire. Ces enivrantes influences imprimèrent à son ambition un caractère particulier qui eut une part remarquable à sa prospérité comme à ses revers. Ayant commencé par étonner et par produire une sensation telle que les temps modernes n'en avaient point ressenti, étonner devint le seul but de ses actions. Dès lors, il ne lui suffit plus de commander, il voulut éblouir, fasciner, subjuguer les esprits. Il prétendait que sa puissance apparût aux hommes comme quelque chose de merveilleux, qu'elle ébranlât tous les trônes, et qu'elle produisît, par d'étonnantes créations, une impression semblable à celle des prodiges.

Son amour de la gloire était une passion maladive pour un genre d'admiration qui, d'après les principes de notre nature, ne saurait être durable, et demanderait, pour se soutenir, le stimulant d'une nouveauté perpétuelle.

A la guerre, les succès qu'il préférait étaient ceux où il semblait passer sur ses ennemis comme un ouragan ; et la destruction effrayante de ses braves soldats dans des attaques sans cesse renouvelées et par des marches rapides et continuelles ne diminuait en rien à ses yeux le prix de la victoire. Dans la paix, il aimait à parcourir ses États comme un éclair, à se multiplier partout, à suggérer des entreprises pleines d'originalité et d'audace, et à faire naître l'impression qu'il était réellement doué de facultés surhumaines. Et en effet, à ses propres yeux, il était à part des autres hommes. Il ne devait pas être jugé d'après leurs règles, ni soumis aux lois et aux obligations qu'ils reconnaissent. Il se croyait l'enfant et le favori de la fortune, et, sinon le maître, au moins l'objet préféré du destin.

La sympathie avec nos semblables, si naturelle dans les âmes généreuses, lui était totalement étrangère. Son cœur, dans ses émotions sauvages, ne connut jamais un sentiment désintéressé. Il rejeta le bonheur que donne le triomphe des affections sociales sur les passions égoïstes, pour les joies solitaires du despotisme.

Dès le commencement de sa carrière, il prit le

ton de maître, et ne le quitta plus. On ne peut qu'être étonné de la manière libre et toute naturelle avec laquelle il s'arroge la suprématie dans ses discours et ses proclamations. Ce n'étaient pas de vaines paroles, mais l'énoncé d'une croyance dans laquelle il avait foi, lorsqu'il disait que ses succès progressifs étaient « l'accomplissement de sa destinée. »

En pervertissant ses grandes qualités, cette exaltation amena sa ruine. Elle changea les vastes ressources de son âme en efforts inquiets, turbulens et téméraires, et le précipita dans des entreprises où il devait trouver sa perte.

Les obstacles devant lesquels d'autres auraient balancé n'étaient pour lui que des raisons d'agir. Il s'aventura plus d'une fois jusqu'au centre des pays ennemis, et risqua souvent sa fortune dans une seule bataille. Il ne savait pas attendre, car les délais ne pouvaient convenir à l'homme qui voulait être la cause première de tout, et qui prétendait remplacer, par une énergie soudaine, la marche assurée et graduelle du temps. Beaucoup de ses plans ne furent pas achevés. Ils enflèrent cependant la voix des flatteurs qui lui attribuaient l'accomplissement de ce qu'il n'avait pas même commencé, lorsque déjà son esprit inquiet se tournait vers d'autres conceptions, et ne laissait de traces des merveilles promises que dans les fastes de l'adulation. Il éleva un édifice imposant, nais sans base, sans proportion, sans harmonie. Pour le renverser, il suffit d'une seule tempête, et son génie ne put le relever.

Sa force de décision dégénéra en une obstination telle que les conseils ne purent la fléchir, ni les circonstances la modifier. Le premier pas fait, il ne reculait jamais. Sur une âme pareille, les avertissemens de la prudence et de la raison devaient être impuissans, et « l'homme du destin » vécut pour apprendre aux autres, sinon à lui-même, la faiblesse et la folie d'une volonté qui brave tout pour donner aux rêves de l'être d'un jour l'immutabilité des desseins de l'Éternel.

Le sens moral de Bonaparte ne fut pas moins vicié que ses facultés intellectuelles. Il ne perdit pas entièrement, il est vrai, l'idée des devoirs; mais, par une aberration singulière, il paraissait ne les croire imposés qu'aux autres. Ses ennemis seuls étaient liés par les traités. Aucune nation n'avait de droits que la France. Il n'était pas naturellement cruel, mais si l'on se trouvait sur son passage, on devenait sa proie légitime, et le meurtre lui causait aussi peu de remords que la guerre. Il se croyait trop élevé au-dessus de l'humanité, pour que la tache du crime pût l'atteindre. Celui qu'il commettait cessait d'être crime, et, conséquemment, il en parle comme d'actions indifférentes. A Sainte-Hélène, où il s'entretient sans cesse de lui-même et fait la revue de sa vie, il né lui échappa aucun mot de regret ou de repentir. Il parle de son existence passée comme si elle avait été consacrée tout entière aux obligations morales; en même temps, et sans pudeur, il accable d'injures les peuples comme les individus avec lesquels il s'est trouvé en contact. L'exposition la moins équivoque de son code de morale se trouve dans un discours qu'il tint à un prince de sa famille. « N'oubliez jamais, lui dit-il, que, dans la « position où vous ont placé mon système poli- « tique et les intérêts de mon empire, votre pre- « mier devoir est envers MOI, votre second envers « la France. Tous vos autres devoirs, même ceux « envers le peuple que vous seriez appelé à gou- « verner, viennent après. » Nous doutons que l'histoire fournisse un exemple plus frappant d'é- goïsme et d'orgueil.

Son caractère se voit encore dans le plaisir si vif que lui donnait la flatterie. Une certaine politique pouvait le porter à provoquer les louanges des serviles agens de son pouvoir, mais l'adulation n'aurait pas osé se porter jusqu'à des exagérations, tantôt ridicules, tantôt dégoûtantes, tantôt impies, si dans le cœur du maître un autre flatteur n'eût parlé plus haut encore. L'opinion publique le trouva toujours très-sensible sur ce point, et l'oubli de l'éloge devenait une faute à ses yeux. La presse de tous les pays était surveillée, et les gouvernemens même libres furent

sommés de la restreindre parce qu'elle s'était
permis de parler de lui trop légèrement. Dans les
ouvrages publiés en France, il aimait à trouver
des hommages, et les œuvres d'un grand écrivain étaient supprimées lorsque l'auteur refusait
d'encenser l'idole. Il voulait imposer son nom sur
la politique, la législation, les arts et la littéra-
ture de son temps, et forcer le génie, dont les
écrits survivent aux statues, aux colonnes et aux
empires, à se ranger parmi ses tributaires.

Son penchant naturel à la tyrannie, libre de
tout frein et sans cesse nourri par une jouis-
sance de succès qui fut accordée à peu de mor-
tels, grandit jusqu'à devenir la passion la plus terrible et la plus inexorable qui se soit jamais em-
parée du cœur de l'homme. Aucune affection domestique, aucun sentiment d'amitié, aucun amour
du plaisir, aucune faiblesse ou sympathie humaine,
n'entra en partage dans son âme avec l'ardeur
de dominer. Joséphine, dit-on, lui fut chère ;
mais l'épouse qui lui était restée dévouée aux jours
de sa fortune encore incertaine, fut répudiée dans
les jours de prospérité, pour faire place à une
étrangère. On ajoute qu'il avait de l'affection pour
sa mère et pour ses frères ; mais il se brouilla
avec ceux-ci, aussitôt qu'ils refusèrent de devenir
ses aveugles instrumens ; et, s'il fallait croire ce
qu'on a dit, sa mère elle-même aurait eu à souffrir de son orgueil impérial. Il s'attendrissait, dit-

on encore, à la vue du champ de bataille jonché de morts et de mourans; mais si son ambition, comme un autre Moloch, demandait le lendemain de nouvelles hécatombes, le sacrifice n'était pas refusé. Il n'épargnait point les humiliations aux vaincus, et ni la beauté, ni la dignité de reine ne furent à l'abri de ses outrages. Il traitait ses alliés comme des vassaux, et ne leur allégeait en rien le poids de la servitude.

Avide enfin de tout envahir, il répandit dans l'Europe entière l'épouvante et la haine; et lorsqu'arriva le jour d'une vengeance méritée, les jalousies des nations cessèrent pour faire place au besoin unique et dévorant d'abattre l'ennemi commun, le tyran universel.

Cependant, dira-t-on, Bonaparte était « un grand homme. » Il l'était sans doute; mais il y a différentes espèces de grandeur, et la plus belle n'appartient pas à Napoléon. La prééminence est due à cette sublime énergie par laquelle l'homme se consacre tout entier à la vérité et au devoir, embrasse comme les siens propres les intérêts de la race humaine, résiste jusqu'à la mort à la violence qui voudrait lui ravir sa liberté ou sa foi, et se dévoue, s'il le faut, à être offert en sacrifice sur l'autel de la patrie et de l'humanité. De cette grandeur, qui efface toutes les autres, nous ne voyons pas chez Napoléon la moindre révélation.

La sienne est, pour ainsi dire, toute matérielle. L'homme qui s'éleva de l'obscurité au premier trône du monde, qui changea la face de l'Europe, qui donnait des couronnes pour récompense, qui avait des rois pour sujets, et dont la renommée, franchissant les bornes de la civilisation, pénétra dans les déserts de l'Arabe et jusqu'aux steppes du Tartare; celui-là, disons-nous, qui a laissé un pareil souvenir, a tranché lui-même la question, et peut, à bon droit, être salué du titre de « grand. » Toutefois, il faut encore le répéter, en ne voulant gouverner que par la corruption et la force, Napoléon se traîna dans l'ornière des tyrans vulgaires, et en faisant de l'intérêt l'unique ressort des actions humaines, il révéla une âme commune. L'épée dans une main, de l'or dans l'autre, il se crut capable de maîtriser l'intelligence. Il ne comprit jamais la puissance des sentimens moraux, des affections nationales et domestiques, et n'eut aucune idée des généreux élémens de notre nature : comment alors pouvait-il établir rien de stable parmi les hommes?

Deux circonstances ont singulièrement contribué à atténuer la sévérité du jugement qu'on doit porter sur Napoléon : sa détention à Sainte-Hélène, et l'usage qu'ont fait de leur triomphe les puissances alliées.

Il paraît certain qu'on a exercé envers lui, pendant sa captivité, une dureté au moins inutile. Cela ne fait pas honneur au cabinet britannique, qui aurait dû respecter un ennemi vaincu. Mais nous n'avons pas le moindre scrupule quant au droit qui le retint à Sainte-Hélène. Ce qui nous a toujours émerveillé, c'est l'audace avec laquelle Bonaparte réclamait la protection des lois des nations. L'homme qui avait outragé toutes ces lois invoque leur appui! le fléau des peuples implore leur sympathie! et d'aussi étranges prétentions ont trouvé des défenseurs! En vérité, l'espèce humaine est bien à plaindre : on peut la fouler aux pieds, la dépouiller de ses biens les plus chers, la torturer par les rapines et par la guerre ; mais elle ne doit pas toucher à un cheveu de ses oppresseurs ; elle ne peut secouer l'oreiller sur lequel ils reposent sans y être autorisée par l'article précis d'un code! Antérieurement à toute loi existent les droits sacrés de la nature, d'où la loi elle-même dérive. Dans l'histoire de notre race, il survient des époques, sans parallèle avec le passé, qui n'appartiennent pas à l'état habituel des sociétés, et qui ne sauraient être jugées d'après les règles ordinaires. Telle fut celle où reparut Bonaparte pour bouleverser l'Europe, en menaçant le repos et l'indépendance des nations.

Par une politique fausse et mesquine, les souverains alliés sont parvenus à détourner sur eux-mêmes une partie des ressentimens dus à Napoléon : nous ne prendrons pas leur défense. Nous ne le cédons à personne en détestation de l'alliance impudemment appelée « sainte, » dont les doctrines sont aussi absurdes et aussi dangereuses que celles du jacobinisme. A une erreur déjà si grande, les monarques alliés ont ajouté le crime d'ingratitude envers les peuples braves et dévoués dont le patriotisme assura l'affranchissement de l'Europe. Il faut le publier à la honte des rois : ils n'ont exercé leur pouvoir restauré que pour conspirer contre les vœux des nations à qui ils sont redevables de leur salut. Ils se sont ligués contre toute institution libérale, contre la presse, contre l'esprit de liberté qu'avait réveillé la lutte avec Bonaparte, et contre les droits incontestables du peuple d'avoir sa part d'influence dans le gouvernement qui le régit.

La chute de Napoléon n'en est pas moins un bienfait pour l'Europe. Sans parler d'autres pays, la France jouit aujourd'hui (1) d'un degré de liberté dont elle eût été à jamais privée sous son empire. Il est donc juste de dire que les souverains alliés, bien qu'ils n'aient point répondu aux espérances des nations, ne doivent pas être rangés sur la même ligne que Bonaparte, dont les audacieux efforts contre l'indépendance des peuples et la liberté du monde, dans un siècle civilisé, éclairé des lumières du christianisme, forment l'entreprise la plus criminelle dont l'histoire ait encore fait mention.

(1) L'ouvrage américain fut publié en 1827.

RÉFLEXIONS.

Les événemens que nous venons de parcourir offrent au moraliste et à l'homme d'état de féconds sujets de réflexion. On se demande comment purent si tôt se flétrir les espérances que fit naître l'aurore de la révolution française? comment un soldat parvint à déraciner l'arbre de la liberté, et à mettre à la place sa terrible épée? Disons-le sans détour : la France, tombée dans une corruption profonde, n'était pas moralement préparée pour recevoir le bienfait de la liberté. Elle avait à lutter contre une longue ignorance en politique; mais si cette ignorance n'avait pas été accompagnée d'une grande inaptitude morale, elle aurait pu se créer des institutions libres et durables. Son caractère ne le lui permit pas. Les apôtres de la liberté française, en niant la relation de l'homme avec Dieu, en détruisant les seules croyances qui donnent de l'élévation à l'âme, se montrèrent indignes d'opérer l'affranchissement de leur pays. C'eût été folie en effet que d'attendre de pareils hommes les vertus, les sacrifices et le désintéressement que la liberté commande à ses enfans.

La non-réussite des efforts faits par l'Europe pour être libre, est facilement comprise de tout Américain instruit de l'histoire de sa propre révolution. Celle-ci eut une issue prospère, parce qu'elle fut commencée et conduite sous les auspices des vertus publiques et privées. Notre liberté ne tint rien du hasard. Elle ne nous fut pas donnée par des maîtres. Elle avait été semée avec abondance dans les esprits et dans les cœurs du peuple entier. Elle était enracinée dans sa conscience et dans sa raison. Une forte conviction et des principes généreux, partout répandus, contribuèrent à la faire éclore. Nous n'avions pas de « Paris, » de grande métropole maîtrisée par quelques intrigans, centre corrompu de l'état, déversant une influence funeste jusque sur les provinces les plus éloignées. — Chez nous, le pays était tout cœur; la communauté tout entière était animée, et le plus petit hameau ajoutait encore de la force à la volonté générale et solennelle d'être libre. Un fait propre à notre révolution, c'est l'absence de cette espèce de « grands hommes » que nous voyons ailleurs, lesquels, par une influence particulière à eux, décident du sort d'une nation. Le peuple américain avait trop le sentiment de sa grandeur pour qu'elle fût éclipsée par la prééminence d'un homme quel qu'il fût. Conséquemment les États-Unis n'eurent point leur « libérateur, » leur « sauveur politique. » Washington, il est vrai, nous rendit d'immenses services; mais Washington n'est pas un « héros » dans le sens vulgaire attaché à ce mot.

Nous ne parlâmes point de lui ainsi que les Français de Bonaparte ; de son « regard d'aigle, » de son « irrésistible génie, » comme si ces qualités devaient opérer notre salut. Nous ne perdîmes jamais le respect de nous-mêmes. Nous sentions que c'était à notre courage, à notre sagesse, à notre énergie, que guidait et animait cette âme noble et simple, à nous rendre libres. Ce fut plutôt par ses qualités morales que par des talens transcendans que Washington contribua à la libération de son pays. A lui appartient l'heureuse distinction d'avoir été le chef d'une révolution, sans éveiller le moindre soupçon sur la pureté sans tache de ses desseins. Il eut la gloire d'être le plus éclatant symbole de l'esprit qui animait ses compatriotes ; ce fut ainsi qu'il devint le principe d'union, le centre de la confiance d'un peuple éclairé. Dans une révolution comme celle de France, Washington n'eût rien été, parce que la sympathie qui existait entre lui et ses concitoyens, et qui faisait le secret de sa force, ne s'y serait pas trouvée. Par un instinct qui ne se trompe jamais, nous appelons Washington « le père de la patrie » et non « le libérateur. » Le peuple qui demande un libérateur, et qui ne possède pas en lui-même le principe de son affranchissement, n'est pas encore mûr pour la liberté.

Si donc, pour être libre, une nation doit subir une préparation morale, comment celles de l'Europe peuvent-elles jamais le devenir ? Sous les gouvernemens européens, la presse n'est que l'écho des serviles doctrines des cours ; les colléges, les écoles professent les maximes du despotisme ; la religion même est employée à sa défense, et l'on ose proclamer dans les temples le principe abject de l'obéissance passive.

La cause de la liberté, sur le continent, ne saurait être avancée par l'action des masses. Mais dans chaque pays respirent des hommes qui détestent la tyrannie et l'arbitraire, et qui sont tout prêts à souffrir pour une si noble cause. Qu'ils répandent donc autour d'eux, par toutes les voies qu'un despotisme jaloux ne leur a pas encore fermées, l'esprit généreux qui les anime ! Qu'ils propagent leurs sentimens et leurs doctrines, à toute heure, en tout lieu, dans des entretiens particuliers, et surtout par la presse. C'est dans ces efforts-là que nous plaçons principalement notre espoir, car la force, comme moyen propre à opérer la délivrance des peuples, ne nous inspire que peu de confiance. La liberté, qui n'est autre chose que la justice, la bonté et l'honneur, dédaigne le poignard, et ne se saisit qu'à regret du fer des combats. Fatigué de sang et de violences, nous demandons que les gouvernemens oppresseurs tombent enfin devant l'influence à la fois douce et sévère du christianisme, devant la souveraineté de l'opinion éclairée.

Puisse cette paisible révolution s'accomplir !
Mais si après de longues et patientes souffrances,
après d'inutiles appels à la justice, les amis de la
liberté étaient excités à faire triompher leurs
droits par d'autres armes, à terminer une œuvre
plus terrible, qu'ils n'oublient pas, même à
l'heure d'une juste victoire, l'esprit de leur haute
mission, et qu'ils se gardent surtout de souiller
par d'inutiles excès la sainte cause de l'humanité !

FIN.